1. Lesestufe

Alexandra Fabisch

Elfe Ella und der Einhorn-Schnupfen

Mit Bildern von Daniela Kunkel

Ravensburger

3 5 7 6 4

Ravensburger Leserabe
© 2023 Ravensburger Verlag GmbH
Postfach 2460, 88194 Ravensburg
Umschlagbild: Daniela Kunkel
Fachberatung: Dr. Birgitta Reddig-Korn
Die Autorin Alexandra Fabisch wird vertreten
durch die Agentur Brauer.
Printed in Germany
ISBN 978-3-473-46212-4

ravensburger.com/service
www.leserabe.de

Inhalt

Hatschi!

Ella ist eine Elfe,
eine Gemüse-Elfe.
Sie hat grüne Haare und
trägt gern bunte Strümpfe.

Mit ihrem Einhorn Keks
wohnt sie in einem Kürbis.
Der ist so groß wie ein Haus.

Gemeinsam kümmern sie sich
um Gurken, Tomaten und Zwiebeln.
Das macht Spaß.

Aber noch lieber fliegen
die beiden um die Wette.
Dabei pustet Keks immer
Regenbögen in den Himmel.

„Fliegen wir heute
bis zur Sonne und zurück?",
fragt Ella das Einhorn
gleich nach dem Aufwachen.

Aber sie bekommt
keine richtige Antwort.
„Rapischü!", macht es nur.
Ella blinzelt. Was war das?

Etwas Komisches
klebt an der Lampe.
Ella schaut sich das genauer an.
Es ist lila Schleim.
„Voll glibberig!", staunt sie.

„Allerdings", schnieft Keks.
Seine Schnauze ist ganz lila.
Und mit jedem Nieser
kommt mehr Schleim heraus.

10

„Hast du etwa Schnupfen?"
Keks nickt traurig.
Ella kuschelt sich an ihn.
Armer Keks.

„Alles wird gut", sagt sie
und kitzelt ihn an den Ohren.

Davon muss er wieder niesen.
„Schleim-Regen, büh", scherzt Ella.
„Draußen regnet es auch", sagt Keks
und verkriecht sich im Bett.

Stimmt. Schwarze Wolken
schieben sich vor die Sonne.

„Heute fliegen wir nicht",
beschließt Ella.
Keks muss sich erholen.

Geschafft!
Hier kannst du
den ersten Sticker
einkleben!

Kapitel 1

Viel zu viel Regen

Ella geht in die Küche.
„Jetzt mache ich uns erst mal
ein leckeres Frühstück!"

Keks hätte am liebsten
Karotten-Kekse.
Aber Ella wirft bereits fröhlich
etwas Grünes in den Topf.

Sie kocht gerade Erbsen,
da klopft es an der Tür.
„Hallo!" Es ist Omi.
Sie kommt jeden Tag vorbei.

Meist bringt sie Kuchen mit.
Aber heute nicht. Es hat nämlich
in ihren Backofen geregnet.
Keks ist enttäuscht.

„Wenn das so weitergeht,
können wir bald Boot fahren."
Omi schüttelt dicke Tropfen
aus ihren Locken.

Ella kichert.
„Du machst mich ganz nass",
sagt sie und erzählt Omi,
dass Keks Schnupfen hat.

„Oje!", meint Omi und
putzt ihre große Brille.
Dann schaut sie Keks
in die Ohren und ins Maul.

„Brr", macht Keks und niest.
Nun hat Omi lila Locken.
Das sieht witzig aus.

Aber Omi guckt ganz ernst.
„Wenn Einhörner krank sind,
gibt es keine Sonne,
sondern nur Regen."

Ach, darum ist das Wetter
so schlecht.
Draußen pfeift der Wind.

Überall sind Pfützen
und die Pflanzen liegen
platt am Boden.

„Regen ist wichtig,
aber das ist zu viel!"
Ella rauft sich die Haare.
Die Ernte ist in Gefahr.

Omi eilt davon.
Sie will Regenschirme
im Garten aufstellen.

„Lieber Keks, du musst schnell
wieder gesund werden!",
sagt Ella entschlossen.
Nur wie?

Kapitel 2

Tee mit Knoblauch

„Knoblauch hilft bei Schnupfen.
Und Tee aus Minze auch",
liest Ella in Omis Elfenbuch.

„Och nö!", jammert Keks,
während Ella den Tee brüht.

„Kannst du mich nicht einfach
gesund zaubern?"
„Leider nein", seufzt die Elfe.
„Das kann ich nur bei Gemüse."

Sie schält den Knoblauch.
Keks schnuppert daran
und läuft blau an.

„Ich will das nicht", meckert er
und hält sich die Nüstern zu.
„Aber du musst!", sagt Ella.
„Sonst ertrinken die Pflanzen."

Tapfer schlürft Keks den Tee
und isst den Knoblauch.
Dann faucht er wie ein Drache:
„Das brennt ja wie Feuer!"

Ella gibt ihm einen Eiswürfel
zum Lutschen.
„Schon besser", seufzt er
und niest. Und schnieft.

Ella schaut besorgt
aus dem Fenster.
Das Beet vor dem Haus
ist jetzt ein See.

Omi paddelt
in ihrem Gummiboot vorbei.
Sie hat Kohl, Bohnen
und Rüben gerettet.

Ella hätte auch große Lust,
Boot zu fahren.
Aber nicht bei diesem Regen.

Ein Tropfen platscht
auf ihren Kopf.
„Es regnet durch das Dach!",
ruft Ella erschrocken.

Ein Sessel ist bereits nass.
Und auch der Teppich
hat einen Fleck.

Höchste Zeit, diesen Schnupfen
und das Unwetter zu vertreiben!

Kapitel 3

Gute Laune hilft immer

„Pröt, pröt", schnaubt Keks.
Und zwar in die Gardine.
Die ist jetzt auch lila.
„Na, so was!", schimpft Ella.

Verzweifelt wühlt sie
in ihrer roten Truhe.
Darin sammelt sie
lustige Schätze.

„Ob Juckpulver was bringt?",
überlegt sie laut.
Oder Grütze aus Gurken?
„Niemals!", wiehert Keks.

„Aber Wärme tut gut."

Ella zieht Keks dicke Socken an.

„Damit sehe ich albern aus!"

Keks verschränkt beleidigt die Hufe.

Nun lässt Ella noch
ein heißes Bad für Keks ein.
Mit frischen Zwiebeln drin.
„Das stinkt!", schimpft Keks.

Er hüpft plötzlich in den Schrank
und schließt von innen ab.

„Komm wieder raus!", fleht Ella.
Aber Keks will nicht.

Er hat genug
von Ellas Versuchen.
Da muss Ella sich wohl
etwas anderes einfallen lassen.

Angestrengt denkt sie nach:
im Schaukelstuhl,
auf dem Klo
und sogar im Kopfstand.

Dann hat sie eine Idee!
Keks braucht gute Laune.
Die ist wichtig,
um gesund zu werden.

Rasch holt sie eine Schüssel
und rührt Mehl, geriebene Karotten,
Öl und Haferflocken zusammen.
Bald duftet es lecker.

„Rieche ich etwa Karotten-Kekse?",
fragt es aus dem Schrank.

„Ich habe für dich gebacken",
ruft Ella durch das Schlüsselloch.

Im Nu ist Keks am Tisch
und macht sich
über die runden Taler her.

„Lecker!", schmatzt er
und strahlt dabei glücklich.
„Mir geht es schon viel besser."

Draußen scheint wieder die Sonne.
Das Wasser geht zurück.
Ella jubelt. „Juhu!
Wir haben es geschafft!"

„Lass uns in die Pfützen
springen!", schlägt Keks vor.
Eine tolle Idee. Aber was,
wenn er davon wieder krank wird?

„Dann backen wir Kekse!",
sagt das Einhorn und grinst.
Ella lacht. „Am besten säen wir
gleich schon mal neue Karotten aus."

Kapitel 4

Leserabe
Leserätsel

Rätsel 1

Seltsam, seltsam

Welches Wort stimmt? Kreuze an!

Der Kürbis ist so groß wie ein
- ○ Hamster.
- ○ Haus.
- ○ Hubschrauber.

Omi bringt Ella und Keks oft
- ○ Kekse.
- ○ Kartoffeln.
- ○ Kuchen.

Im heißen Bad für Keks sind
- ○ Zwiebeln.
- ○ Zitronen.
- ○ Zweige.

Rätsel 2

Buchstaben heraushören

In welchen Wörtern hörst du den
Buchstaben I? Kreuze an!

Ordne die Bilder den Sätzen zu!

A) Ella backt Karotten-Kekse.

B) Ella tröstet das Einhorn Keks.

C) Ella wühlt in ihrer roten Truhe.

1   2   3

Leserabe
Rabenpost

Rätsel 4 **Rätsel für die Rabenpost**

Fülle die Lücken aus. Trage die Buchstaben in die richtigen Kästchen ein. So findest du das Lösungswort für die Rabenpost heraus!

Bei Ella wächst ganz viel

| 1 | E | M | | 3 | E |

. (Seite 6)

Ella und Keks fliegen gerne um die

| | 2 | | T | |

. (Seite 8)

Ella sucht nach einem Rezept in Omis

| | L | | | 5 | B | 4 | | 7 |

.

(Seite 24)

Der leckere

| 6 | U | | 8 |

lockt Keks aus dem Schrank. (Seite 38)

Lösungswort

| 1 | 2 | 3 | 4 | 5 | 6 | 7 | E | I | 8 |

Hast du das Lösungswort herausgefunden?
Dann kannst du jetzt tolle Preise gewinnen.

Gib das Lösungswort auf der  Leserabe-Website
www.leserabe.de ein oder schicke es mit der
Post an folgende Adresse:

An den Leseraben
Rabenpost
Postfach 2007
88190 Ravensburg
Deutschland

Lösungswort

An
den LESERABEN
RABENPOST
Postfach 2007
88190 Ravensburg
Deutschland

Bitte frage
deine Eltern!*

Leserabe

Lesen lernen wie im Flug!

In drei Stufen vom Lesestarter zum Leseprofi

Vor-Lesestufe
Ab Vorschule

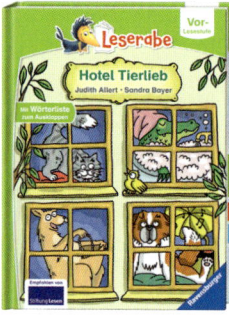

ISBN 978-3-473-46185-1

ISBN 978-3-473-46045-8

ISBN 978-3-473-46207-0

1. Lesestufe
Ab 1. Klasse

ISBN 978-3-473-46099-1

ISBN 978-3-473-46215-5

ISBN 978-3-473-46051-9

2. Lesestufe
Ab 2. Klasse

ISBN 978-3-473-46057-1

ISBN 978-3-473-46065-6

ISBN 978-3-473-46187-5

... und viele Bücher mehr!

ERZ 22 004